U0655112

杂家学派与《吕氏春秋》

◎ 主编 金开诚

◎ 编著 金东瑞

吉林出版集团有限责任公司
吉林文史出版社

图书在版编目（CIP）数据

杂家学派与《吕氏春秋》/ 金开诚著 . 一长春：
吉林文史出版社，2011.10（2022.1 重印）
（中国文化知识读本）
ISBN 978-7-5472-0889-2

Ⅰ.①杂… Ⅱ.①金… Ⅲ.①杂家②吕氏春秋－研究
Ⅳ.① B229.25

中国版本图书馆 CIP 数据核字（2011）第 209685 号

杂家学派与《吕氏春秋》

ZAJIA XUEPAI YU LVSHI CHUNQIU

主编/金开诚　编著/金东瑞

项目负责/崔博华　责任编辑/崔博华　刘姝君

责任校对/刘姝君　装帧设计/李岩冰 董晓丽

出版发行/吉林文史出版社　吉林出版集团有限责任公司

地址/长春市人民大街4646号　邮编/130021

电话/0431-86037503　传真/0431-86037589

印刷/三河市金兆印刷装订有限公司

版次/2011 年 10 月第 1 版　2022 年 1 月第 3 次印刷

开本/650mm×960mm　1/16

印张/9　字数/30千

书号/ ISBN 978-7-5472-0889-2

定价/34.80元

编委会

主　任: 胡宪武

副主任: 马　竞　周殿富　董维仁

编　委 (按姓氏笔画排列):

于春海　王汝梅　吕庆业　刘　野　孙鹤娟

李立厚　邴　正　张文东　张晶昱　陈少志

范中华　郑　毅　徐　潜　曹　恒　曹保明

崔　为　崔博华　程舒伟

关于《中国文化知识读本》

　　文化是一种社会现象，是人类物质文明和精神文明有机融合的产物；同时又是一种历史现象，是社会的历史沉积。当今世界，随着经济全球化进程的加快，人们也越来越重视本民族的文化。我们只有加强对本民族文化的继承和创新，才能更好地弘扬民族精神，增强民族凝聚力。历史经验告诉我们，任何一个民族要想屹立于世界民族之林，必须具有自尊、自信、自强的民族意识。文化是维系一个民族生存和发展的强大动力。一个民族的存在依赖文化，文化的解体就是一个民族的消亡。

　　随着我国综合国力的日益强大，广大民众对重塑民族自尊心和自豪感的愿望日益迫切。作为民族大家庭中的一员，将源远流长、博大精深的中国文化继承并传播给广大群众，特别是青年一代，是我们出版人义不容辞的责任。

　　《中国文化知识读本》是由吉林出版集团有限责任公司和吉林文史出版社组织国内知名专家学者编写的一套旨在传播中华五千年优秀传统文化，提高全民文化修养的大型知识读本。该书在深入挖掘和整理中华优秀传统文化成果的同时，结合社会发展，注入了时代精神。书中优美生动的文字、简明通俗的语言、图文并茂的形式，把中国文化中的物态文化、制度文化、行为文化、精神文化等知识要点全面展示给读者。点点滴滴的文化知识仿佛繁星，组成了灿烂辉煌的中国文化的天穹。

　　希望本书能为弘扬中华五千年优秀传统文化、增强各民族团结、构建社会主义和谐社会尽一份绵薄之力，也坚信我们的中华民族一定能够早日实现伟大复兴！

目录

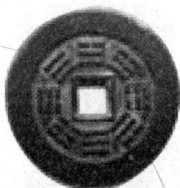

一、先秦杂家概述

自从《汉书·艺文志》始列"杂家"类
著作于诸子"九流十家"之中,经历多次
王朝更迭、学术思想研究的不断演进,先
秦杂家思想的研究得到不断的推进。《汉
书·艺文志》将司马谈《史记·论六家之
要旨》的"六家说"拓展为"九流十家",
罗列其著作并予杂家以清晰的界定,宋
代和清代对于杂家部分著作的考证辨
伪,近现代以来运用马克思主义史学的

理论方法,从思想史、学术史、社会史及其相结合的多种角度对先秦诸子和杂家著作的研究,都是学术研究方面历史性的进步。但历史也给杂家研究蒙上了层层迷雾,这主要是指儒家正统史学观念对历代学者的影响,使他们在研究中对杂家往往有先入之见或偏见。什么是先秦杂家?"杂家"的意义及内涵是什么?都有必要从历史的分析中进行探讨。

历朝历代的文献中对于杂家的著作都有所收录，但不同的时期对于杂家著作的分类有很大的差别。著作的分类可以反映出著录者对于这类作品或这个学派作品界定的标准和依据。从目录学的角度，对先秦杂家著作在不同历史时期的归类有所不同。

《汉书·艺文志》著录杂家著作二十种，四百零三篇，先秦时期的杂家著作有七种，孔甲《盘盂》二十六篇，《大禹》三十七篇，《伍子胥》八篇，《子晚子》三十五篇，《由余》三篇，《尉缭》二十九篇，《尸子》二十篇，《吕氏春秋》二十六篇。其余十四种为汉代著作，最著名的就是《淮南子》。

《隋书·经籍志》著录杂家著作九十七部二千七百二十卷，先秦时期的杂家著作有三部：即《尉缭》五卷梁并录六卷，《尸子》二十卷、目一卷梁十九卷，《吕氏春秋》二十六卷。其他则包括汉代

《论衡》《昌言》《淮南子》等，以及《抱朴子外篇》《金楼子》，类书《科录》《呈寿堂御览》，佛家《感应传》《众僧传》《高僧传》等。这样看来，子部杂家类其实包括了四种性质的著作。其一是先秦杂家类，其二是汉代诸子中的杂家著作，其三是类书之属，其四是佛、道之属。

《旧唐书》和《新唐书》分别著录杂家著作七十一部凡九百九十二卷和六十四家七十五部凡一千一百三卷。新、旧《唐书》所著录的杂家著作从目录上来看大同小异，在数量上《新唐书》增加了《旧唐书》之后的一些新著作，两部唐书中对先秦和两汉的杂家著作的收录几乎一样，先秦杂家三部即《尉缭》《尸子》《吕氏春秋》，汉代比较著名的如《淮南子》《论衡》《抱朴子外篇》《昌言》《刘子》《金楼子》等《旧唐书》均有著录，《新唐书》中仅少了《昌言》和《金楼子》。先秦两汉比较著名的杂家著作一如

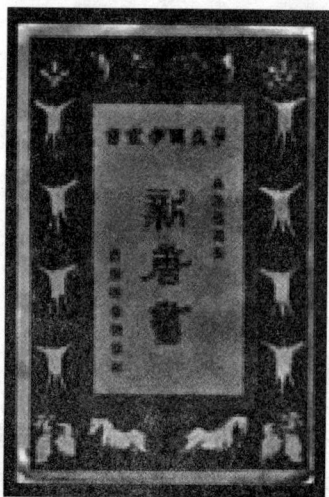

《汉书·艺文志》和《隋书·经籍志》，没有多大改变。

《宋史·艺文志》第四部将子书分为十七类，杂家著作列第八类，先秦和两汉杂家著作大部分因袭前代，只是将汉、隋、唐均认为应将先秦杂家的著作《尸子》列入儒家之中，《尉缭》五卷则列入兵书类之中。杂家类共计是一百六十八部凡一千五百二十三卷、篇。

《明史·艺文志》第三部将子书分为十二类，杂家位列第二，所著录杂家著作皆为明代当时之作，明之前杂家著作未涉及。至于《元史》则根本未列《艺文志》为书的内容。因此，对于宋、元、明时期杂家书目的考察，我们可以借用学术性更强的《通志》《文献通考》《汉书艺文志考证》等书作为参照。宋郑樵的《通志》中先秦两汉的杂家著作有《尸子》《吕氏春秋》《淮南子》《抱朴子外篇》《金楼子》等。杂家类著录中类书性质的书大

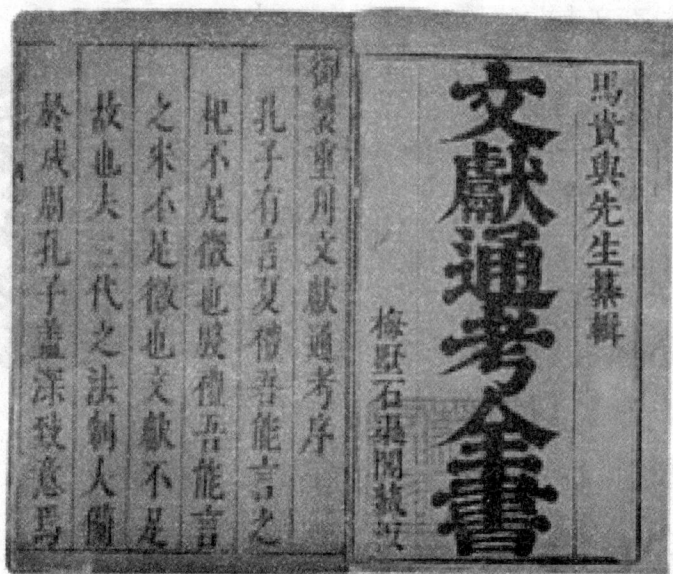

幅增加，如《博览》（十三卷）、《杂书钞》（四十四卷）、《子钞》（三十卷）、《子林》（三十卷）等等。元代马端临《文献通考》之《经籍考·子·杂家》中，首先考证了自汉到宋四朝史书艺文志中关于杂家书目数量的增减变化，但在其后的考证中，对于先秦杂家仅考证了《范子计然》十五卷、《吕氏春秋》二十卷两部，汉代的则比较多，诸如《淮南子》《子华子》《论衡》《昌言》《抱朴子外篇》《刘子》《金楼子》等。

　　清代的《四库全书》对于我们研究杂家的著作有很大的帮助，《全书》中的史部《崇文总目》《千倾堂书目》《文渊阁书目》，都能提供杂家目录学研究的一些线索。《崇文总目》中列杂家著作三十九部四百二十二卷，先秦及两汉杂家的主要著作有《吕氏春秋》三十六卷、《淮南子》《昌言》《论衡》《抱朴子外篇》《金楼子》《子钞》《刘子》等，同时后代政论性的丛书收录较多。清初黄虞稷的《千倾堂书目》，其书"所录皆明一代之书，经部分十一门"。黄虞稷在杂家类卷首题录："前代艺文志列名、法诸家，后代沿之。然寥寥无几，备数而已。今削之，总名之曰'杂'。"从他所编的数目中可以看出，黄虞稷所著录之杂家皆为明代时人所著，诸子中的名、法等家皆称作杂家略去不录，其杂家归类法只是为了编书的方便，并未考虑思想性质的不同，但他编列书目的方法却为四库全书所袭用。《景印文渊阁四库全书目》中分杂家类著作为六类：杂学之属、杂考之属、

杂说之属、杂品之属、杂纂之属、杂编之属，书中将名、墨、法、纵横家列于杂家之中。其中的"杂学之属"略相当于前朝艺文志中之杂家，先秦时期著录九本，《鬻子》《墨子》《子华子》《尹文子》《慎子》《鹖冠子》《公孙龙子》《鬼谷子》《吕氏春秋》；两汉时期列为杂学的主要有《淮南子》《刘子》《金楼子》，以前诸朝皆列为杂家的《论衡》《风俗通义》被著录在杂说之属。可见，《四库全书》作为清代的官修目录学巨著，儒学正统的观念非常强烈，企图将不属于儒家的其他诸子百家之学统归为"杂家"或"杂学"，掩盖了杂家之学的性质，也进一步混淆了杂家与诸子百家之间的区别，不能反映学术史发展的真实状况。

通过对杂家研究的历史溯源，我们可以发现，历史上学人对于杂家的认识混乱，常常把杂家之"杂"理解为"驳杂"，这是历史上对杂家之学研究不足

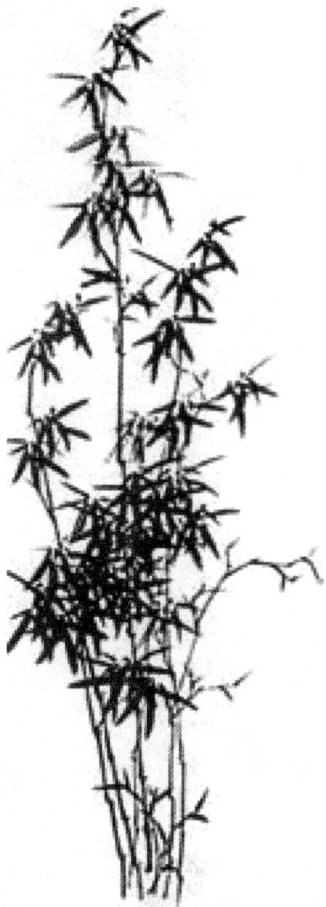

的主要原因。从班固《汉书》到清代的《四库全书》真正对杂家的"杂"做过界定的，只有《汉书·艺文志》和《隋书·经籍志》。实际上《汉书·艺文志》和《隋书·经籍志》对于杂家的界定，影响了中国各个历史时期对于杂家的认识。杂家是特定历史时期的产物，也是新的思想学术形态诞生的母体。杂家诞生于新旧学术形态转换的过渡时期，战国是以诸子学作为其主要的学术文化形态的，汉代则是以经学为其学术文化形态的，诸子学向经学的转化是在战国秦汉之际学术大融合的过程中完成的，先秦杂家产生于这个过渡时期并成为文化思想学术大融合的主要担当者之一。从先秦杂家和汉代学术思想的关系中，我们可以说先秦杂家充当了"母体"的角色，先秦杂家是先秦诸子学向汉代经学转换过程中文化思想学术的主要载体。先秦杂家不仅孕育了《淮南子》《春秋繁露》，而且汉代的经学、道教都不同程度地吸取了先秦杂家的思想。因此，从学术史的角度，我们可以说汉代的思想学术，在某种程度上，是在先秦杂家的基础上形成的，而非先秦诸子的学术之上。

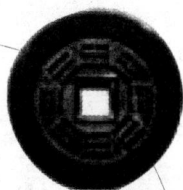

二、先秦杂家思想的时代背景

在中国历史上，战国时期是一个战乱频仍、风云激荡的时代，也是中国社会历史上一个重要的转折过渡时期。从公元前475年到公元前221年秦一统六国，短短254年的时间，却发生了许多对后世有深远影响的历史事件。

战国时期最显著的特征就是"战"，主要是诸侯国间的兼并战争。这种战争始于春秋时期。到了战国时期，列国间的

兼并与攻伐更加频繁，战争的规模越来越大，伤亡的人数也越来越多。战争最直接的后果是诸侯国的数目越来越少，战国前期（公元前475—公元前386年）就逐渐产生出七个最强大的诸侯国，史称"战国七雄"，此外还有一些不多的小诸侯国存在，像越、鲁、营、部、祀、滕、薛、郑、卫、曾、蔡、宋等和周边一些少数民族国家，多通过结盟而成为大国的附庸。战国中期是七国兼并战争的发展阶段。

　　这一时期七国之中，先是魏国，进
而是齐国和秦国相继强大起来，赵国也
有短暂的中兴，兼并战争主要也是由这
几个国家来推动的。魏国是战国七雄中
最早实行变法的国家，因而其国力也最
先强大起来。魏国的强大得力于魏文侯
任用李悝进行的变法和在位期间一系列
对外战争的胜利。公元前413年及其后几
年，魏国攻占了秦国的河西地区（今陕西
韩城、大荔、澄城、合阳）和郑（今陕西华
县）。公元前406年魏灭中山国。公元前

405年，魏、韩、赵联军打败齐国，并攻入齐长城。后魏、韩、赵打败楚国。公元前391年，魏与韩、赵联合伐楚，夺取大梁、榆关，疆域扩大到黄河以南。魏国到了魏惠王时期，国力达到最强盛。魏国屡次对赵、韩用兵，图谋统一"三晋"建立霸权，恢复春秋时期晋国全盛时的地位。但由于齐国和秦国的相继壮大，并从东西两线上牵制魏国，使魏国的图谋没有得逞，尤其是公元前342年魏攻韩，次年齐救韩，并在马陵（今山东范县西南）打败魏

军，从而使魏国一蹶不振。马陵之战的同年，魏国又被齐、秦、赵联军所败，次年又被秦国大败。

齐国的强大始于与魏惠王同时期的齐威王的改革，齐威王任用邹忌进行改革并迅速强大起来。到齐宣王时期，国力最为强盛。齐国向外扩张的兼并战争主要有：齐宣王以燕国"燕王哈禅让"之乱攻入燕国，齐国联合韩、魏攻楚，大败楚军，以及公元前286年齐攻灭宋国。秦国在战国中期的崛起晚于魏国，和齐国大约同时。齐威王任用邹忌在齐国进行改革的同时，秦孝公（公元前361—公元前337年）也在秦国任用商鞅进行变法。经过变法，秦国也迅速强大起来并积极地向外进行扩张。赵国在战国中期有短暂的中兴，是因为赵武灵王于公元前307年实行的"胡服骑射"的军事改革，之后赵国于公元前295年攻灭中山国并折服强秦，成为齐国之外的东方强国。

战国晚期，是秦兼并六国一统天下的时期。首先，秦国通过公元前284年联合燕、楚、三晋大军攻齐的战争和公元前260年的长平之战，分别削弱了齐国和赵国，齐国几乎灭亡，而赵国至此由强转弱。从长平之战的次年（公元前259年）到公元前221年秦灭齐国，秦国仅用38年的时间便消灭六国实现天下的统一。

从战国时期三个历史发展阶段来看，虽然战争依然是国与国之间斗争的主要形式，但是战争的目的已经由春秋时期打着"尊王攘夷、兴灭继绝"旗号建立霸权，逐步转变为战国时期消灭他国统一中国"往中国而抚四夷"的兼并战争，"天下一统"已经成为时代的主题。建立统一的全国性政权不仅是战国时期社会经济发展的历史需要，也是长期遭受战争灾难的民众的强烈愿望和迫切要求。要实现上述目标，战争依然是最直接的手段。战争是残酷的，战争对社会生产、生活的破坏也是巨大的。仅以战国晚期秦国的攻伐兼并战争为例，据《史记·秦本纪》记载秦国战斗胜利后斩敌首的数目就超过百万之众。战争惨烈之时人们"易子而食，拆骸而炊""臼灶生蛙，人马相食"。但是战争对于新的社会政治、经济、文化的出现起了催生的作用。

（一）诸侯国变法图强

战争对于当时政治的影响主要是促使各诸侯国变革图强。战国时期，七个

主要国家都先后进行了政治改革，以期巩固政权、增强国力、争雄天下。魏文侯（公元前445—公元前396年）任用李悝进行变革，楚悼王（公元前401—公元前381年）任用吴起在楚国进行变法，秦孝公（公元前361—公元前338年）任用商鞅在秦国进行改革，齐威王（公元前356—公元前320年）任用邹忌在齐国进行改革，韩昭侯（公元前362—公元前333年）任用申不害为相进行政治变革，赵烈侯（公元前408—公元前387年）任用公仲

连为相国主持赵国的政治改革和赵武灵王（公元前325—公元前298年）"胡服骑射"的军事改革，以及燕昭侯（公元前311—公元前279年）任用乐毅等所进行的改革图治。在这些改革中，以秦孝公（公元前361—公元前338年）时期的商鞅改革最为彻底。

战国时期的政治变革各国之间有一些共同之处，主要涉及以下方面。

其一，废除世卿世禄制及贵族的特权，建立"选贤任能"的官僚制度。魏国的李悝认为治理国家重在"食有劳而禄

有功，使有能而赏必行、罚必当"，根据功劳和才能选拔任用官吏。对于那些"其父有功而禄，其子无功而食之"的世袭贵族，李悝称其为"淫民"，他主张"夺淫民之禄，以来四方之士"。用任人唯贤的官僚制度代替任人唯亲的世卿世禄制。吴起则认为，楚国贫弱的原因是"大臣太重，封君太众"，这些贵族"上逼主而下虐民"。力主废除贵族世卿世禄的特权，并将旧贵族从都市迁到荒僻之地屯垦实边。商鞅在秦国也实行相似的改革措施。

商鞅对秦国原有的爵标沛目度进行了改革，重新规定了等爵制，以此"明尊卑爵秩等级，各以差次名田宅，臣妾衣服以家次"并规定，军功是获得爵禄、政治权利的主要途径，国君的宗族（世袭贵族）没有军功不能列入公族的簿籍，不能享受贵族的特权，从而对世卿世禄制进行改革。此项改革措施，破坏了奴隶制下的宗法社会结构，加快了向封建制迈进的步伐，无形之中解除了社会前进中制度方面的束缚；"尚贤，崇有功"制度的确立，也使战国时对人才的培养、流动、使用得到了高度重视，间接地推动了文化和教育事业的发展。

其二，改革土地田亩和赋税制度、发展社会生产。战国时期对于土地田亩和赋税制度的改革，多属于对春秋时期改革的补充和完善。为了奖励耕战，有大功者可以赐予良田数顷或邑税千户或万户，这说明土地的私有制已经得到了法律上

的肯定，而且以邑税作为封赏也具有了封建制的形态。为了发展社会生产，魏国李悝实行了"尽地力之教"。商鞅则对土地和赋税制度进行了深入的改革。《史记·商君列传》说："商鞅为田开阡陌封疆，而赋税平。"《战国策·秦策三》说：商君"决裂阡陌，教民耕战。"《汉书·食货志》说："及秦孝公用商君，坏井田，开阡陌，急耕战之赏，虽非古道，犹以务本之故，倾邻国而雄诸侯。"在赋税方面，商鞅改革了按田亩征税的旧制。公元前348年，秦国实行"初为赋"，"舍地而税人"，即按户口征收户赋和口赋。秦国的法律规定，男子成年要向政府登记，分家另立户口，并缴纳赋税。商鞅曾下令："民有二男以上不分异者，倍其赋。"实行土地田亩和赋税制度改革，对于发展一家一户的小农经济，增加国家收入，有很大的作用。秦国变法规定"戮力本业，耕织致粟帛多者，复其身；事末利及怠而贫者，举以为收孥"，重农抑商，以鼓励耕织，发展生产。

其三、颁布法律，革新法制。战国时期诸侯国的改革，称为变法，基本都是以颁布法律的形式，将各项改革措施法制化，对政治、经济、军事等各项制度进行革新。李悝在魏国变法制定有《法经》（或称《李子》），并在经济上推行"平籴法"："籴甚贵，伤民；甚贱，伤农。民伤则离散，农伤则国贫。故甚贵与甚贱，其

伤一也。善为国者，使民毋伤而农益劝。”以稳定国家的经济秩序。吴起在楚国变法，整顿吏法，“损不急之枝官，以奉选练之士”达到革新政治的目的。齐威王时任用邹忌进行政治变革，提倡广开言路，对吏治进行整顿。齐威王时期，齐稷下学宫学者如云，齐统治者对这些学者“皆赐列第，为上大夫，不治而议论”。齐威王还下令“群臣吏民能面刺寡人之过者，受上赏；上书谏寡人者，受中赏；能谤讥于市朝，闻寡人之耳者，受下赏”。这些措施的实行，对

于齐国的政治的开明、经济发展、国力的
强盛，发挥了很大作用。商鞅在秦国通过
公元前359年和公元前350年两次变革，
对秦的法律制度进行了彻底的改造。商
鞅把李悝的《法经》在秦国颁布实施，并
改"法"为"律"。在什伍户籍编制的基
础上，建立相互告发和同罪连坐的制度，
加强对社会的控制，并且下令焚烧诗书，
以申明法令。《韩非子·和氏》说："商君
教秦孝公以连什伍，设告坐之过，燔诗书
而明法令，塞私门之请而遂公家之劳，禁
游宦之民而显耕战之士。"就是对商鞅变
法的描述。

（二）由"争霸""相王"到"称帝"

主要由兼并战争所推动的政治变革，使战国时期部分国家迅速强大起来，并使社会历史走向统一的趋势进一步得到加强。时代的主题由"争霸""相王"发展到"称帝"。通过政治改革速强大起来的魏、齐、秦等国，不断地发动对外的兼并战争，使各自国家的国土面积越来越大，人口越来越多。天下一统的历史机遇也已开始出现。先是魏国，在魏惠王国力

最强盛的时期他曾谋划统一三晋，恢复春秋时期晋国的霸业，后来由于策略的失误，马陵之战（公元前341年）致魏国从此衰败，只能和齐国妥协，以"齐魏相王"来安慰失落的野心。魏惠王、齐威王称王之后，秦国的惠文君和韩威侯相继称王，接着是魏国的公孙衍起魏、韩、赵、燕、中山等"五国相王"。中山国是小国，齐国不承认它称王，废掉其王号，但未能实现。在魏国衰落的同时，齐、秦两国都强盛起来，成为"战国七雄"中能称得上是大国和强国的国家，争霸天下、统一中国的历史重任似乎非齐即秦。公元前288年齐威王和秦昭王为了共同伐赵，采取"连横"策略，相约共同称帝，齐为"东帝"，秦为"西帝"。

虽然其后由于战略的需要，齐、秦相继又去帝号，但已反映出诸侯国们都欲统一中国称帝天下的野心和趋势，但是后来的燕齐相争（公元前315年齐破燕，

公元前284年燕攻陷齐国复仇），燕、秦、楚、三晋组成的联军几乎使齐国灭亡。从而历史的天平开始由齐向秦倾斜，统一天下的历史机遇只有秦国能够把握了。其他一些国家由于改革不彻底或中途夭折虽有过短暂的中兴强盛期，但很快就衰落下去。例如，吴起在楚国的变革，由于楚悼王死去，致使变法因旧贵族群攻作乱而中途夭折；赵国公仲连在赵烈侯时期的改革，只涉及教化选官制度、财政方面，而国家的土地田亩、吏治等根本制度方面没有触及，改革很不彻底。而赵武灵王"胡服骑射"的改革，也只是涉及军事方面。因而国力或军力只有短暂的强盛，可以说国家并没有真正的强盛起来；燕国的改革始于燕王绘，燕王任用子之进行改革并禅位于子之的事件，简直就是一场历史的闹剧，后来燕昭王"卑身厚币以招贤者"任用乐毅、苏秦等人励精图治，有过一时军事上的辉煌；至于韩国任用申不害的变法，正如韩非所说："申不害虽十使昭侯用术，而奸臣犹有所橘其辞矣。故托万乘之劲韩，七十年而不至于

霸王者，虽用术于上，法不勤饰于官之患也。"致使韩国变法的效果很差，在战国七雄中韩国一直处于弱小的地位。从战国整个历史演变过程来看，天下一统的历史趋势逐渐清晰，战国初期除了战国七雄之外，所余诸侯小国不过十余家，到了战国晚期这些小国均被大国所吞并，"七雄"之中也只有魏、齐、秦能叱咤战国风云，此消彼长之下，最后只有秦国一国独强，秦消灭六国一统天下指日可待。

（三）学术思想的融合

天下一统的社会历史发展趋势，推动了人才的流动和地域文化的融合。一般而言，国力强盛的国家其文化相应地也很繁荣。战国时期，"七雄"中的强国魏、齐、秦、楚，分别形成了几大文化中心，即以魏为代表的三晋中原文化区，齐鲁为代表的北方文化区，以楚为代表（包括吴、越）的南方文化区。以魏国为代表的三晋中原文化区，包括韩、赵以及秦在内，是战国法家文化的大本营，侯外庐也曾说：

"法家主要源于三晋。"魏国是战国时期最早实行变法的国家，魏文侯时期国力强盛，首开战国时期招贤养士之风，魏文侯礼贤下士、不拘一格地招揽人才，先后任用魏成子、翟璜、李悝为相，乐羊为将，吴起为西河守，对子夏、田子方、段干木等儒学人士也很礼遇，使魏国思想文化盛极一时。魏文侯任用李悝实行变法，李悝著《法经》作为变法之理论指导，为其后法家人物所效仿并尊其为法家鼻祖。

齐国从桓公时期始建稷下学宫招揽各家学者和天下贤士，到威、宣二王时期国富力强，尤其是齐宣王"喜文学游说之士，自如邹衍、淳于髡、田骈、接予、慎到、环渊之徒七十六人，皆次列第为上大夫，不治而议论，是以稷下学士复盛，且数百千人"。使稷下学宫成为当时最负盛名的学术和文化中心。楚国是战国初年领土最大的国家，由于吴起在楚国改革中途夭折，楚国在战国时期一直没有真正地强盛起来。以楚国为中心包括吴、越（战国时吴已不存在，习惯称谓，作地理上的名

词）形成了南方文化区，许多学者认为战
国道家思想起源并兴盛于此。一般认为
儒学产生于北方，盛行于鲁国等，道家文
化产生于南方，兴盛于楚国等，儒家和道
家作品合编于一简，也反映出战国后期
地域文化的交流与融合的趋势。值得一
提的是，战国晚期的秦国在吕不韦"招致
士"和李斯《谏逐客书》的推动下，文化
政策颇为开放，天下才俊之士"纷然西入
秦"，很快发展成为一个文化大国，而此

时的魏国已是昔日的黄花，秦国取代魏国
成为三晋中原地区的文化中心。这三大文
化区各具特色，分别代表了中国传统文化
在战国时期不同的发展方向和领域。随
着战国兼并战争的发展，以及天下一统
的趋势的出现，列国争雄"士无共主"所
引起的人才流动更加频繁，由知识分子
大规模流动形成的地域之间文化的交流
与融合也日趋紧密。战争是最直接的交
流手段，被占领和兼并地区的文化与占领
者文化的交流，在无意识之间也成为推

动战国晚期文化融合的一种形式。

天下一统的历史趋势对于学术思想和文化发展的影响是直接的。天下一统社会历史的发展需要有胸怀天下、视野开阔、能治天下而不是能治一国的人才。战国晚期，诸子百家后学围绕时代的主题——"在中国而抚四夷"也即天下一统问题，积极展开学术的探讨和反思。通过战国中期诸子百家的争鸣与辩驳，学派之间彼此都看到了各自的长处和短处。到了战国晚期，这种认识的不断加深促使各学派对本派进行自我总结和批判，并主动地吸取对立学派或其他学派的长处弥补本学派理论的不足，从而学术界出现了由斗争走向融合的趋势，并迅速演变为一种思潮。这种学术思潮的主要动机就是"舍短取长，以通万方之略"。战国晚期诸子百家的泛"杂家"化已经是学术融合思潮的主要表现，先秦杂家正是受这种融合思潮"杂家"化的影响而被催生出来的。

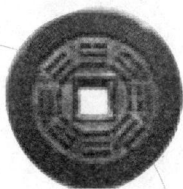

三、先秦杂家主要著作考

《汉书·艺文志·诸子略》载：杂家著作有《盘盂》二十六篇，《大禹》三十七篇，《五子胥》八篇，《子晚子》三十五篇，《由余》三篇，《尉缭》二十九篇，《尸子》二十篇，《吕氏春秋》二十六篇，《淮南内》二十一篇，《淮南外》三十三篇等等。其中以《吕氏春秋》《淮南王》（但也有人认为《淮南王》一书以道家为主，兼才众家。应属道家著作才是，《淮南王》

在古代也曾被划入道藏）为代表著作。

杂家著作现在只留下《吕氏春秋》《淮南子》《尸子》（原书已佚，今仅有后人辑本）三书。这里我们只介绍《尸子》与《吕氏春秋》两部主要著作。

（一）尸佼与《尸子》

尸子，名佼。《史记·孟子荀卿列传》载："楚有尸子、长卢。"集解刘向别录曰：

"楚有尸子，疑谓其在蜀。今按《尸子》书，晋人也，名佼，秦相卫鞅客也。卫鞅商君谋事划计，立法理民，未尝不与佼规之也。商君被刑，佼恐并诛，乃亡逃入蜀。自为造此二十篇书，凡六万余言。卒，因葬蜀。"

《汉书·艺文志》杂家著录《尸子》二十卷，班固注曰："名佼，鲁人，秦相商君师之。鞅死，佼逃入蜀。"《隋书·经籍志》杂家著录《尸子》二十卷，并注曰："秦相卫鞅上客尸佼撰。"以上是史书文献中关于尸子生平的记载。尸子，姓尸名佼，在这一点上所有记载都是一致的。尸子曾经做过商鞅的门客，《艺文志》说师事过他，《经籍志》说他是卫鞅的"上客"，大概尸子并非商鞅真正的老师，他只是商鞅的一个门客，不过却是门客中的上等嘉宾，商鞅很敬重他，像老师一样对待他。他为商鞅出谋划策，并协助商鞅实行变法治国理民，算是商鞅的一个高

级智囊。秦孝公死后，惠文王继位，商鞅被处以车裂之刑，尸子害怕被株连，于是就逃亡到蜀地（今四川成都一带），过起了隐居的生活，生活闲暇之余著书二十篇，也就是《尸子》一书，死后就葬于蜀地。这基本上可以算是尸佼的个人简历吧。但其中还存在两个问题，其一是他的出生地。《史记》说楚国有两个贤人尸子和长卢，集解刘向别录怀疑司马迁所说"楚"，应该就是"蜀"，由于古蜀国在春秋战国时期史料很少，我们也无法通过考证长卢这个人来了解尸子迁蜀之后的情况。刘向《别录》认为尸子是"晋人"即三晋地区韩、魏、赵某国人,《汉书·艺文志》认为是鲁国人。钱穆认为,尸佼很有可能是魏国人。三晋法家文化传统很强,尤以魏国为盛。尸佼能与法家人物商鞅志同道合,勉强也可作为一个小证据。

关于《尸子》一书,《汉书·艺文志》杂家类著录为二十卷,而《隋书·经籍志》杂家《尸子》篇注云:"其九篇亡,魏黄初中续。"可知魏晋时已非全本。我们现在所见到的本子,皆为后世的辑佚本。

关于《尸子》一书的思想，《春秋》两次引用其语："正名以治，为法家师，如吴起之流矣。"刘向在《荀子叙录》中说："尸子非先王之法，不循孔氏之术。"但《后汉书·宦者吕强传》章怀太子注云："尸子书二十篇，十九篇陈道德仁义之纪，一篇言九州险阻水泉所起。"这说明《尸子》一书的思想很博杂，有法家的思想在其中，同时又继承了儒家的思想并对其进行了改造。今天我们所能看到的《尸子》，分为上下卷，上卷十三篇，下卷为辑佚的逸文和若干存疑文字。许多篇章都残缺不全，我们对其内容进行了梳理后发现，《尸子》全书对于儒家思想吸收最多，其次是法家、道家、墨家和名辩思想。《尸子》全书有一条主线就是"治道"，而其"治道"是将儒家"治己则人治"与法家"刑罚者民之鞭策"相结合，并将道家"事少而功立"、"执一之道，去智与巧"思想与墨家治天下有术的"四术"糅合在一起。史书（除《宋史》外）典籍都将其作为先秦杂家是颇有道理的。因此，我们可以说《尸子》是受儒家思想影响的先秦杂家，或从儒家中走出的先秦杂家。

(二)吕不韦和《吕氏春秋》

《报任安书》中赫然语:"不韦迁蜀,世传《吕览》。"实际上吕不韦于嬴政责令其迁蜀之前已编成了《吕氏春秋》。《报任安书》中语自有司马迁的感情因素和写作需要,更蕴涵着司马迁与吕氏相同的悲剧元素,也引出了我们对一代大家吕不韦镜窥之必要。因《史记》中有"(吕不韦)往来贩贱卖贵,家累千金"

语，且鉴于《史记》"史家之绝唱，无韵之离骚"的崇高地位，使吕氏商人形象历经后人演绎而遮蔽了其政治上的光辉。关于吕氏"奇货可居""进嫪毐""献有身之姬"诸事，当时最具权威的"时政新闻记录著作"《战国策》未有记载，诸说便失去了作为史料的印证价值。笔者认为，无论文治还是武功，吕不韦都堪称中国历史上首屈一指的政治家。

1. 吕不韦其人

吕不韦（？—公元前235年），姜姓，吕氏，名不韦，杂家思想的代表人物。战国末年著名商人、政治家、思想家，后为秦国丞相，卫国濮阳（今河南濮阳）人。吕不韦是阳翟（今河南省禹州市）的大商人，故里在城南大吕街，他往来各地，以低价买进，高价卖出，所以积累起千金的家产。他以"奇货可居"闻名于世，曾辅佐秦庄襄王登上王位，任秦国相邦，并组织门客编写了

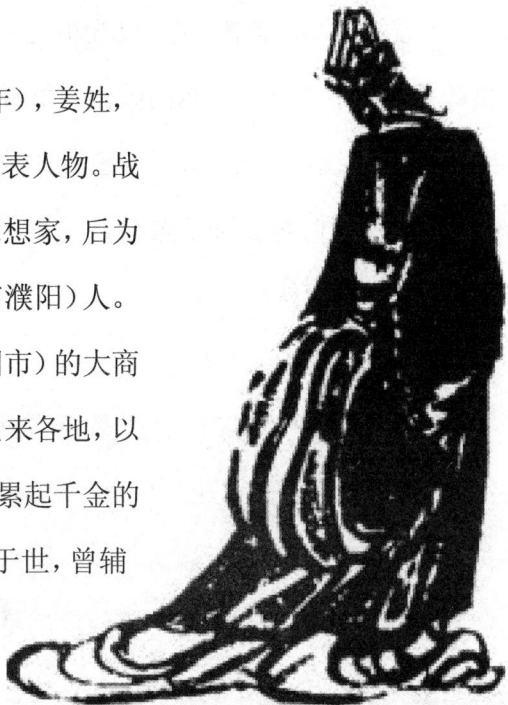

著名的《吕氏春秋》，即《吕览》。

吕不韦长期以来受到了众多的负面评价，形象被严重扭曲，直到近现代，随着学者们研究的深入，附在吕不韦身上的积垢才逐渐被清除。吕不韦以商人的身份进行政治投机，一跃成为秦相国，他成功的政治投机一方面是个人能力的体现，同时也是当时社会发展的必然规律给他带来了机遇，而吕不韦以自己卓越的才识和能力成功地抓住了这一历史机遇。执政后的吕不韦以其卓越的政治才能继续推动秦的统一大业，并且以敏锐的政治眼光，组织门客编纂了融合诸子百家学说的《吕氏春秋》，为统一之后的秦帝国提供一整套的治国方略。

吕不韦经商的谋略。关于吕不韦早年的情况，《史记》卷八十五《吕不韦列传》载："吕不韦者，阳翟大贾也。往来贩贱卖贵，家累千金。"吕不韦经商的精明之处在于时时处处观察商机。当他在

赵国邯郸经商时，遇见了正在赵国做人质的秦国公子子楚，虽然子楚当时处境窘迫，但吕不韦透过诸多错综复杂的社会关系，看到了子楚身上蕴藏的巨大价值，断定"此奇货可居"。继而投入重金运作，最终使安国君和华阳夫人立子楚为嫡嗣。安国君死后，子楚即位，是为庄襄王。为了报答吕不韦，庄襄王乃"以吕不韦为丞相，封为文信侯，食河南雒阳十万户"（《吕不韦列传》）。庄襄王即位三年，薨，"太子政立为王，尊吕不韦为相国，号称'仲父'"（《吕不韦列传》）。

有人对此认为是投机政治所致，其准确的说法应是：吕不韦是一位做成了一笔大买卖的最成功的商人。在这笔买卖的交易过程中，吕不韦充分显示了他通达古今、预测未来的深邃智慧和凭借外力、知化善变的商人机巧。他立足现在，瞩目未来，小处着手，大处着眼。《战国策》记载了吕不韦在邯郸见到秦公子子

楚后，同他父亲的一段对话：吕不韦"贾于邯郸，见秦质子异人（子楚），归而谓父曰：'耕田之利几倍？'曰：'十倍。''珠玉之赢几倍？'曰：'百倍。''立国家之主赢几倍？'曰：'无数。'曰：'今力田疾作，不得暖衣余食，今建国立君，泽可以遗世，愿往事之。'"这一段对话透漏出吕不韦不凡的眼光和谋略。于中城先生认为，如果说这样做仅仅是商人的贪婪和狡黠，那恐怕有失公允。因为贪利是商人的本性，获取利润是商人的愿望，但并非所有商人都有吕不韦这样的智慧和眼光。李一凡先生认为可以毫不夸张地说："战国商人吕不韦是历史上所有商人中最出色的商人。商人的本领就是交易和投资，有政治头脑和战略眼光的吕不韦是最善于进行长线投资和最大宗买卖。他的买卖非常成功，令人叫绝。"

吕不韦从政的功过。吕不韦先后任丞相、相国13年（公元前250—公元前237年），在其当政期间，据《史记》《战国策》等记载，他至少办了四件有利于秦国稳定、强大的事情。

减少了战争中的大屠杀。秦在商鞅变法时立有"计首授爵""尚首功"的政策，这对提高秦军的战斗力，起到了巨大的促进作用。但它造成了秦军在战争中杀戮过重，乃至大屠杀的严重后果。据不完全统计，从商鞅变法到秦昭王五十一年（公元前354—公元前256年），在这

近100年中，先后有大屠杀18次，共杀死1617000人（小杀戮不计），秦昭王时达到鼎峰，先后屠杀14次，共杀1263000人。大屠杀引起了山东六国的惊恐和拼命抵抗，使秦统一战争遇到了极大的障碍。吕不韦当政期间，改弦更张，实行"王者之治"，提倡"义兵"。吕不韦所讲的"义兵"，据《吕氏春秋·怀宠》载："入于敌之境，则民所知庇矣，黔首知不死矣。至于国邑之交，不虐五谷，……不焚室屋，不取六畜。得民虏奉而题归之，以彰好恶；

信与民期，以夺敌资。"这样"义兵至，则邻国之民，归之若流水，诛国之民，望之若父母……兵不接刃，而民服若化"。正是由于吕不韦提倡"义兵"，在他当政的13年间，很少有大屠杀的记载。以后尉缭子继续执行该项政策，使秦国得以统一六国。

招纳贤士，收罗人才。古今中外所有国家在制定兴国方略时，都有一个收罗人才、重用人才的问题。战国时期形成的养士之风，就是收罗人才、争取人才的体

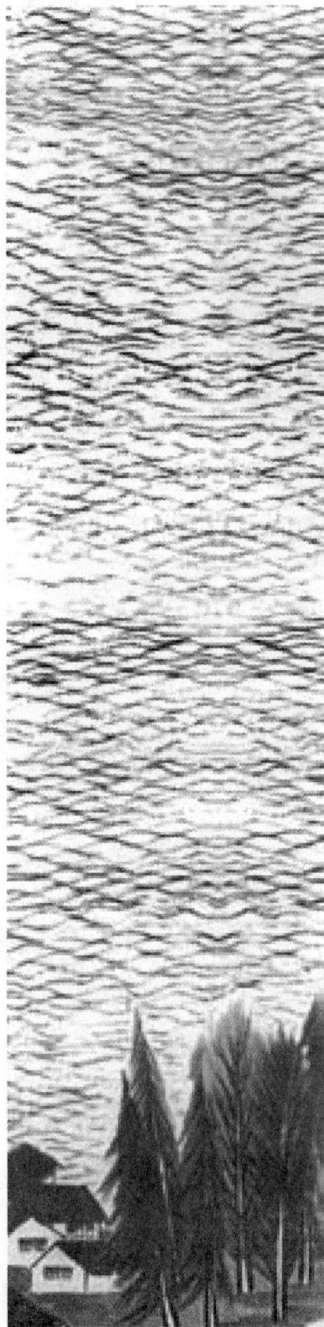

现。吕不韦在当政期间认为以秦国之强，而不养士是耻辱。于是"亦招致士，厚遇之至食客三千人"。吕不韦招致食客三千人，不仅仅是为了编写一部《吕氏春秋》。司马迁在《史记·秦始皇本纪》中道破其真实的目的："文信侯招致宾客游士，欲以并天下。"

兴修水利，重视农业生产。关中是秦国的根据地，巴蜀地区是秦后方，但关中地多咸卤，粮食产量不高，都江堰修建之前，也是地瘠民贫，遇到连年的灾荒，人民生活困难之急是解决粮食问题。郑国渠、都江堰就是在这种情况下修建的大型水利工程。自都江堰修成后，关中、四川才成为秦国仓，为秦始皇统一天下奠定了雄厚的基础。吕不韦不仅关心水利事业，而且关心农业生产的科学化，在《吕氏春秋》中《上农》《任地》《辨土》《审时》四篇文章专门讲农业生产化问题，对农业经营管理、土质的好坏，都进行了阐述和论证。

以杂家代替法家为政治指导思想。秦自商鞅变法后，一直以法家为政治思想。法家的法治及耕战政策虽然对巩固政权和富国起到了积极作用，但统治阶级的残暴寡恩、严刑酷法、对外大屠杀等弊政已经暴露。吕不韦编著《吕氏春秋》以一个新的思想体系来代替法家思想。《吕氏春秋》融合了儒、墨、道、法、兵、农各家学说，故被称为杂家。但杂家不是各家学说的"拼盘"和"杂凑"，而是在新的思想意图指导下吸收各家之长而建立的思想体系。这是吕不韦有计划、有目的吸取各家学派有益的治国方略及其学术特长，让其宾客集体完成的治国治世的指导书，其中的政治主张及各种科学文化知识，是先进的和切合实用的。

吕不韦之过。关于吕不韦之过，史书没有提及多少。侯先生认为，吕不韦的过，主要是他不德无才地登上政治舞台，

扰乱了秦稳定形势，并给秦始皇独揽政权、打击消灭吕不韦势力找到了绝好的机会。

吕不韦失败的原因。在经商上谋得深、谋得远的吕不韦，最终却落了个"饮鸩而死"的悲剧下场。吕不韦悲剧产生的原因，笔者认为，吕不韦混淆了政治与经商的区别，即经商上可以不断积累财富，永无止境；但政治上却要知进知退，不可久居权力的顶峰。吕不韦显然没有意识到这一点。当叛乱之事牵连到吕不韦时，秦王嬴政因为吕不韦功劳大，不忍致法，而是免去了他的相国职务。但这时的吕不韦仅仅是失去了权力，经济上损失似乎不大，他还是文信侯，食雒阳十万户，仍是巨富，完全可以在雒阳颐养天年。但罢相后的吕不韦没有低调做人，淡出历史舞台，而是威势不减当年，最终引起了秦王嬴政的猜忌，被迫自尽。关于吕不韦罢相后的情况，《史记·吕不韦列传》载："岁余，诸侯宾客使者相望于道，请文信侯。秦王恐其为变，乃赐文信侯书曰：'君何功于秦？秦封君河南，食十万户。君何亲于秦？号称仲父。其与家属徙处蜀！'吕不韦自度稍侵，恐诛，乃饮鸩而死。"历史上与吕不韦可资比较的人物，笔者认为范蠡是合适的人物之一。但二者的不同之处在于，范蠡为政在先，然后以为政的经验经商，最后获得成功。而吕不韦则是经商在先，然后以经商的经验为政，最后落了个自尽的下场。

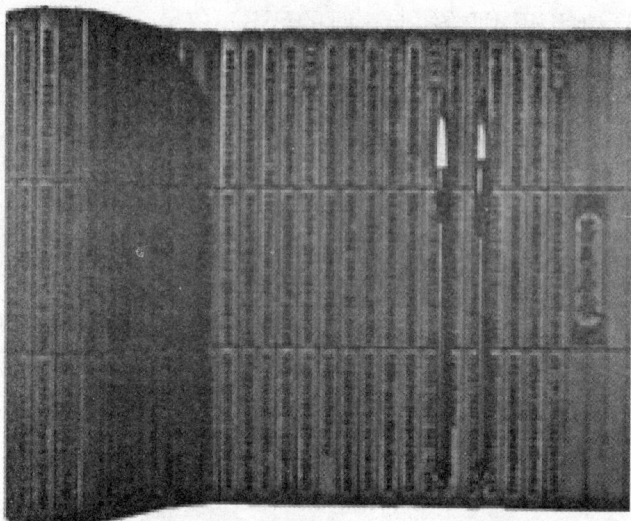

2.《吕氏春秋》概说

战国伊始，诸子蜂起，形成百家争鸣之势。然诸子互相攻讦，虽各有创意，亦自有偏执。怎样把儒的醇厚、墨的谨严、道的超逸、法的冷峻、名的致密、阴阳的流传等各家精华吸纳融合以达到"天下同归而殊途，一致而百虑"的统一而为未来的帝国服务，唯有吕氏做了一次大胆的尝试，"其愿力固宏，其成绩亦可观"，《吕氏春秋》便是"总晚周诸子之精英，荟先秦百家之眇义"的实践成果。

《吕氏春秋》一书并非吕不韦所作，而是吕不韦在秦为相之时所召集的众多门客集体创作的结晶。关于《吕氏春秋》的成书年代，《序意》篇这样写道："维秦八年，岁在君滩"，后世研究《吕氏春秋》的学者多根据此句来考订论证。但是由于学者们对其考订理解的不同，故也成为聚讼纷纭的问题。对于《吕氏春秋》具体成书年代的考证，学界有以下几种说法：

其一是"八年"说，即秦始皇八年成书。持这一说的主要有宋吕祖谦、清周中孚、郭沫若和赵年荪等人。他们均认为《序意》篇所说的"八年"，即是说秦始皇即位八年《吕氏春秋》告成。

其二是"六年"说，宋人王应麟《汉书·艺文志考证》，清人孙星衍《问字堂集·太阴考》、陈奇献等均主此说。王应麟说："岁在君滩"乃指申年，不合八

年（乃王戌）之说，八年说乃算历者之差。"清人孙星衍说："秦庄襄王灭周后二年癸丑岁至始皇六年，共八年，适得庚申岁，申为君滩，吕不韦指渭是年。"断定是秦始皇六年。陈奇猷和王、孙二人不同之点在于，他虽赞同王、孙二人关于秦八年是指秦始皇六年的说法，但他认为《吕氏春秋》的《十二纪》成于秦始皇六年，《八览》和《六论》成于"不韦迁蜀"之后。

其三是"吕氏死后"说，明代的顾亭林和徐复观力主此说。明顾亭林《日知录》说吕书成于秦初，并三晋时吕不韦已死。徐复观说《吕氏春秋·安死》篇载："以耳目所闻见，齐、荆、燕尝亡矣，宋、中山已亡矣，赵、韩皆亡矣，其皆故国矣。"指出此篇应是秦政二十六年以后所写，并由此推断《吕氏春秋》的初稿写于秦政八年，而其成书定本应该在秦始皇统一天下之后。其四是"七年"说。姚文

田《邃雅堂集》、钱穆《吕不韦著书考》、田凤台等都从此说。钱穆认为："吕书确有成于迁蜀之后，并有成于不韦之身后者。"田凤台认为《序意》所说"八年"是指庄襄王而言，吕书成书应在始皇七年。

除此之外尚有"迁蜀说""四年"说等。笔者从"维秦八年"即是秦始皇八年的说法。

首先，《吕氏春秋》并非吕不韦亲著，是吕不韦集合相府门客中的才俊之士在相对较短的时间内通过分工协作完成的。

其次，《吕氏春秋》中的《序意》篇应是全书的序，并非如陈奇猷等学者所说仅是《十二纪》第一部分的序。过去《吕氏春秋》曾被称为《吕览》，按照古人习惯，多以篇之前两字称呼篇名和以书之首篇名字称呼书名的习惯，《吕氏春秋》的《吕览》在最初之时很有可能是排在书之前，而非像今之传世本将《十二纪》

放在最前。因此《吕氏春秋》才会被简称《吕览》。《十二纪》应该是排在最后，按古人著书之习惯，书的《序》多是放在书之最后，故《序意》排在《十二纪》之后完全符合古人之习惯。汉代以后的学者出于强调其书中阴阳五行学说的需要，才将《十二纪》编排在书前。

其三，《吕氏春秋》成书之时，也就是《序意》篇的作者写序的时候，再粗心的作者也不会将作书的年代在行文中写错的。何况是吕不韦如此重视的一部书，又是集体所创作，那么多双眼睛都盯着，这种错误出现的可能性几乎没有。对于以王应麟和孙星衍等为代表的"六年"说的坚持者，学者赵年苏的考证颇见功力。他说孙星衍的考订有误，孙星衍说的始皇六年庚申岁是由"四分历"推算得出，而"四分历"最早推行于汉代。用四分历岁次向上推数，自秦二世三年至秦始皇八年，与当时实际所用岁次已相差一年，加

之汉高祖元年岁次应该是"癸巳",但为超用"甲午"所隐蔽故而成为虚次。由于四分历溯算时相差二年,因而误定秦王六年为申岁。也就是说,秦始皇八年才是申岁。赵年苏据此论断《吕氏春秋·序意》篇所载见之秦代纪年岁次,明确无误。通过以上分析,作者以为《吕氏春秋》成书在于"维秦八年"即秦始皇八年的记载根本没错,其书为一次完工,完工之后即布于咸阳市门而悬千金其上。至于有的学者认为《吕氏春秋》非一时一次编成而是分部完工的说法,并依据《史记》"不韦

迁蜀，世传吕览"的记载说《吕氏春秋》部分篇章成于吕不韦罢相迁蜀之后，实不可信。试想，一位倒势了的相国不可能再豢养众多门客著书立说，何况书中许多论点和秦始皇王朝的政策多不相合甚至是对立，吕不韦在台上时兴许有门客仗着相府的庇护敢于自由放言，吕不韦倒台后是不会有了，即使吕不韦有这个胆，他大多是没有这个思想文采和心境了。

《吕氏春秋》是先秦杂家代表性的经典著作，《汉书·艺文志》将其列在杂家,《隋书·经籍志》及后代的史书典籍均沿袭之。但是自从东汉高诱为其作注并撰序一篇评述《吕》书之后,试图找出它主要的学派倾向,进而欲把它归入其他学派的后世学者不乏其人。首先就有学者根据高诱为吕书作注所写的序,推衍出《吕氏春秋》为道家著作。高诱的《序》中如是说:"然此书所尚,以道德为标的,以无为为纲纪,以忠义为品式,以

公方为检格，与孟轲、孙卿、淮南、杨雄相表里也，是以著在《录》、《略》。"句中的《录》指的是刘向的《别录》，《略》是指刘歆的《七略》，刘歆的《七略》是据其父刘向的《别录》作成。而《汉书·艺文志》又是根据刘歆的《七略》编撰而成。高诱的意思是《吕书》很杂。而汉代也一直是将《吕氏春秋》属之于杂家类的，从刘向的《别录》，刘歆的《七略》到《汉书·艺文志》都将吕书列为杂家。许多学者根据高诱的《序》的前两句"然此书所尚，以道德为标的，以无为为纲纪"认为《吕氏春秋》是道家著作。然而他们却忽略后两句《吕氏春秋》是"与孟轲、孙卿、淮南、扬雄相表里也，是以著在《录》、《略》"。高诱提到孟轲可能是指《吕氏春秋》思想有来源于孟子之处，孙卿、淮南、扬雄则是有显著融合百家特色的思想家，高诱说他们"相表里"主要是为了说明《吕氏春秋》"杂合"百家的特色。持此观点的学者有任继愈、熊铁基、牟钟鉴等人，任继愈说："《吕氏春秋》用老庄哲学构造自己的理论原则，用阴阳、儒、墨、法名家的思想，构造自己的历史、政治、道德、军事、教育等方面的观点。"并认为它是"秦汉时期道家思潮的开始"。熊铁基认为，《汉书·艺文志》把《吕氏春秋》和《淮南子》两部书著录在"杂家"之类是很不恰当的，而应该归入秦汉之际的"新道家"，即有别于先秦老、庄"道家"的新道家。他还指出，《吕氏春

秋》不是所谓"杂家"之始，而是"新道家"最早之代表作。熊铁基所说的"新道家"，其实就是黄老道家。黄老道家并不肇始于《吕氏春秋》，在吕书之前尚有许多黄老的代表性著作，如《文子》和《黄老帛书》等，因此所谓的"新道家"并不是汉初突然就出现的，《吕氏春秋》也并不能作为"新道家"最早的代表作。此外牟钟鉴先生也认为，《吕氏春秋》和《淮南子》是秦汉之际的道家著作。他认为两书的基本思想倾向一致，都崇奉老庄哲学，并以其为主干，融合、贯穿各家学说，构建成一种综合性的理论。这种理论的综合性，恰巧就是秦汉道家的特点。牟钟鉴先生显然是只看到秦汉之际学术思想的融合，而没有注意到从战国晚期就已存在着学术思想融合的思潮，以及此思潮下的一些先秦思想家及其作品。其次，对于《吕氏春秋》还有"儒家说""阴阳家说""墨家说""儒道兼畸说"等等不一而足。元代的陈皓说《吕氏春秋》有浓重的儒家色彩，《四库全书总目提要》更是认为吕书"大抵以儒家为主，而参以道家、墨家，故多引六籍之文与墨子、曾子言"。现代的学者也有主张此说，如张智彦、金春峰、修建军等人。持阴阳家说者乃是《吕氏春秋校释》的著者陈奇猷，他说："《吕氏春秋》虽说是杂家，集各家各派之说而成，但细读其书，很自然地会注意到，阴阳家的学说是书的重点，这从书中阴阳说所据的地位与篇章的多寡可

以证明。"卢文弨持墨家之说，他认为吕书"大约宗墨氏之学，而缘饰以儒术，其重己、贵生、节丧、安死、尊师、下贤，皆墨道。"持"儒道兼畸说"的主要是郭沫若、杜国痒、张双棣等人。郭沫若认为该书主要是对于儒家、道家采取尽量摄取的态度，而对墨家、法家则加以批判。杜国痒则认为吕书"与其说是偏爱儒家，毋宁说是兼畸儒道"。张双棣则说，《吕氏春秋》的政治思想是以儒家思想为主导，以被改造了的道家思想为基础，兼采各家对它有用的成分融合而形成的吕氏独特的政治思想。笔者以为，历代的学者之所以企图从《吕氏春秋》中找出其他家派的倾向，甚而将吕书划归其他学派，主要原因有两个，一个是内因，即吕书自身的原因，《吕氏春秋》把兼摄诸子融合百家作为其思想体系构建的理论方法，但书中各家各派的思想融合不足，很容易区分出书中思想成分来自何处，这使得后世学者很轻易就能根据其论点的需要在书中找到所谓的吕书属于何种思想倾向的证据。也即是说吕书以自己的话论述与诸子相同思想观念的地方摄取的痕迹太明显，对于诸子思想消化不足，以致给后世留下纷争的口实。另一个外因，即如前文所述，历代都有一些学者根本不承认先秦杂家的存在，或者心中存在的对"杂"和"杂家"的偏见使他们仅仅将杂家作为类似于类书性质的"杂碎""杂撰"之学，不愿去深入研究，从而妨碍了他们对于杂家和先秦杂家的客观判断。孟天运说吕书的思想倾向之争"分歧这样明显，本身就说明了一个问题，即《吕氏春秋》中并没有明显地倾向哪一派，没有明显地以哪家为主导的问题"。笔者完全赞同此分析。《吕氏春秋》在兼摄融合百家之学时对于诸子百家是平等看待的，它本就不打算以哪家思想为主去汲取其他诸家。

《吕氏春秋》作为先秦杂家的代表

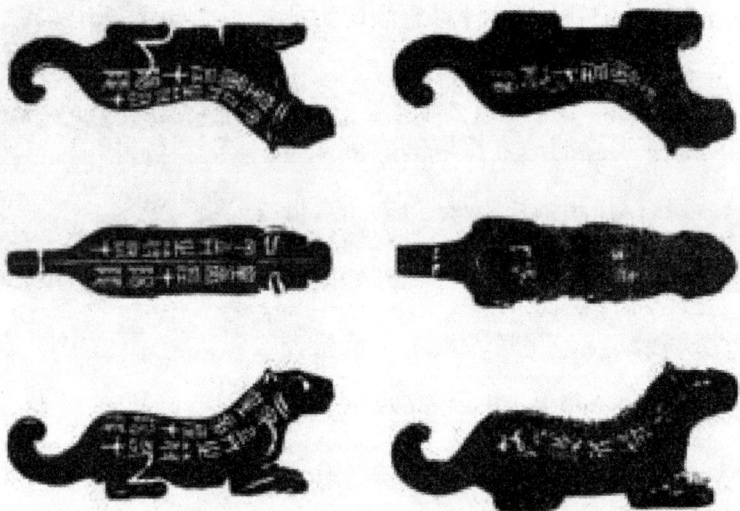

作，其产生及形成是和当时战国的社会历史背景及秦国的政治文化现实分不开的。战国末期，秦国一统天下的形势已非常明朗，作为秦相国的吕不韦积极地为即将出现的封建统一大帝国做各方面的准备工作，其中也包括思想理论方面的设计。元人陈澔说："吕不韦相秦十余年，此时已有必得天下之势，故大集群儒，……将欲为一代兴王之典礼也。"杨宽在《吕不韦和〈吕氏春秋〉新评》中说：

"吕书综贯各派之长形成一套封建统治理论是符合历史发展趋势的。在大一统局面出现前后，地主阶级为寻找封建大一统的思想武器，有过探索的过程，之中吕书是有先行的历史贡献，应在思想史上给这名杂家应有的地位。"陈、杨两位对吕书的历史背景和著作目的已说得很明白了。孙人和在《〈吕氏春秋〉集释序》中通过分析吕书的思想更进一步地说："尝谓《吕氏春秋》一书，……盖以秦势强大，行将一统，故不韦延集宾客，各据所闻，撰《月令》、释《圆道》，证人事，载天地、阴阳、四时、日月、星辰、五行、礼仪之属，名曰《春秋》，欲以定天下，施政教，故以《序意》殿其后焉。"以上所引几位学者的精辟论述，不仅将吕书写作的时代背景分析得很清楚，而且指出吕书的写作目的是为社会大一统的政治服务的。这和《汉书·艺文志》说杂家"知国体之有此，见王治之无不贯"是完全符合

的。《吕氏春秋·序意》说："凡《十二纪》者，所以纪治乱存亡也，所以知寿夭吉凶也。上揆之天，下验之地，中审之人，若此则是非可不可无所遁矣。"有学者认为"其'十二纪'，实际是为新天子的统治所设计的一个年度施政计划；'八览'、'六论'则是总结过去的经验，为新的天子行政提供了一种指导思想和批判是非善恶的价值体系。"因此，可以说《吕氏春秋》的写作目的和书中所体现的思想主旨也是一致的，即杂家的"王治"，《吕氏春秋》的"王治"思想正是围绕当时天下的封建统一而展开的。《吕氏春秋》兼摄诸子融合百家是围绕着"王治"这一思想主旨和最高目标构建其思想体系的。在这一过程中，《吕氏春秋》有自己独特的理论方法，《用众》篇自述其方法说得很清楚："物固莫不有长，莫不有短，人亦然。故善学者，假人之长以补其短。故假人者遂有天下……天下无粹白之狐，而有粹白之裘，取之众白也。夫取于众，此三皇五帝之所以立大功名也。"句中的"白"指的是各家关于"王治"的理论。吕不韦就是想通过集合众家众派思想所长，在思想学术上做成一件"粹白之裘"为大一统的帝国所用。这是一种打破各学派门户之见，去粗取精，平等对待，集合众长的理论方法。如果从理论方法的运用上来说，高诱评吕书"大出诸子之右"，是一点也不为过的，经笔者粗略统计，《吕氏春秋》中儒家思想主要在《劝学》《大乐》《侈乐》《适音》《古乐》《音律》《音

初》《制乐》诸篇中；道家思想主要见于
《贵生》《重己》《情欲》《尽数》《审
分》诸篇；墨家思想主要在《当染》《审
时》《高义》《上德》《去宥》诸篇；《月
令》（包括《十二纪》中各组文章首篇）
保存了阴阳家的思想；兵家的思想主要
在《振乱》《禁塞》《怀宠》《论威》《简
选》《决胜》《爱士》等篇中；农家的思
想则见于《上农》《任地》《辨土》等篇。
从《吕氏春秋》一书的篇章思想成分的组

成来看，各家思想所占分量大致相近。笔者以为这不是一种刻意所为，只能说明著作者真的是兼采诸家而不以任何一家为主。这种打破学派门户而又不带任何偏见融合百家的理论方法，诸子之中确实没有任何一家能及得上。这正是杂家区别于诸子各家独特的理论方法。《吕氏春秋》也有自己独特的思想理论体系。《吕氏春秋·序意》说："上揆之天，下验之地，中审之人。"即要贯通天道、世道、人事三个层面。吕书的结构也是这样来安排的，《十二纪》是配天时的，《六论》是配地利的，《八览》在天、地之间是配人事的。"天、地、人"相配合的思想可能与《易传》有关。《系辞上》说："天数五、地数五、五位相得而各有合。""天数五"指的是一、三、五、七、九这五个奇数，其中数为"五"，因此《十二纪》中每"纪"安排五篇文章；"地数五"指的是二、四、六、八、十等五个偶数，其中数为"六"，

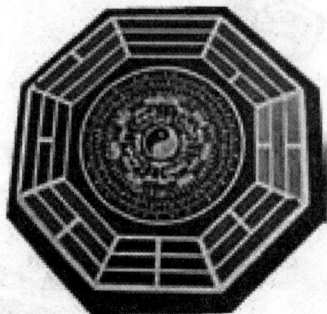

故而《六论》与地相合,每"论"安排六篇文章;《八览》与人事相配来源于八卦之数,每"览"安排八篇文章。《系辞上》有:"圣人立象以尽意,设卦以尽情伪。"《系辞下》说:"八卦成列,象在其中矣。"两句话合起来理解意思是八卦之中蕴含了圣人之意和人事的情伪,"八览"就是要览圣人之意和人事之情伪。

"天、地、人"相合是贯穿《吕氏春秋》思想的一条主线,也是其理论框架的支柱。而吕书《月令》(《十二纪》中各组文章的首篇)的阴阳、五行思想,则在天、地、人各层面予以展开,构成吕书理论大厦的砖、瓦、墙和屋顶。"《吕氏春秋》是以天、地、人和阴阳、五行两种模式构建起来的。""这座大厦既有天、地、人三者的和谐统一,又有阴阳、五行的互相联系和互相制约。这是一种前所未有的宇宙观。"笔者以为这是一种前所未有的思想体系,吕不韦及其《吕氏春秋》发诸子所未发，在这方面也可以说是大出诸子之右。由此，我们可以看出《吕氏春秋》的思想理论体系的建构也区别于诸子各家，体现出杂家兼融的特色。从以上分析中，我们可以得出结论，《吕氏春秋》的思想主旨是"王治"；其理论方法是兼摄诸子融合百家，平等地对待各家，不主任何一家；其思想理论体系的构建也体现出兼融的特色。因此，《吕氏春秋》只能是先秦杂家的著作，绝不会是诸子中的任何一家。

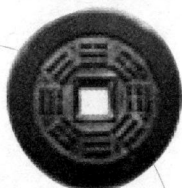

四、《吕氏春秋》的政治思想

（一）"法天地"与"无为而治"的治道思想

《吕氏春秋》的政治思想将"法天地"作为治国安民的起点。《圜道》说："天道圜，地道方，圣王法之，所以立上下。"也即治道要遵循天地之理。治国主要是君和臣等贵族统治阶级的事务，治国之道也是由他们来制定和实行，因而吕氏说："主执圜，臣处方，方圜不易，其

国乃昌。"就治道而言，主圜臣方相互配合，国家就会被治理好。法天地其实也就是法自然，这种思想源于道家，战国后期许多学派受道家影响都将其作为政治理论的哲学依据。本章第一节中笔者论述《吕氏春秋》的天道观时已有述及。《大乐》篇说："万物所出，造于太一，化于阴阳。"又《知分》篇说："凡人物者，阴阳之化也。"句中的"阴阳"指的就是天地，人和万物都是天地所化生，故而人及人事（政治）都应该效法自然天地。那么何谓

"圓道"呢?

"日夜一周,国道也。月躔二十八宿,轸与角属,圜道也。精行四时,一上一下各与遇,圜道也。物动则萌,萌而生,生而长,长而大,大而成,成乃衰,衰乃杀,杀乃藏,圜道也。……人之窍九,一有所居则八虚,八虚甚久则身毙。故唯而听,唯止;听而视,听止。以言说一,一不欲留,留运为败,圜道也。一也齐至贵,莫知其原,莫知其端,莫知其始,莫知其终,而万物以为宗。圣王法之,以令其性,以定其正,以出号令。令出于主口,官职受而行之,日夜不休,宣通下究,瀸于民心,遂于四方,还周复归,至于主所,圜道也。"

作者先从大自然昼夜的交替,日月星辰的运行,精气的流衍,物类的生成衰杀等去论证天道的运转不休。再从人九窍等生理机能之不能偏一留滞,来论证人生理活动之周循流转,进而归结出君王御臣用民"还周复归"的君主治道。何谓

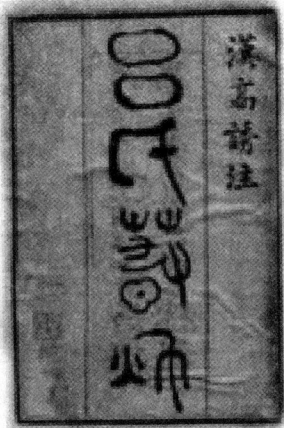

"地道方"呢？

"人之有形体四枝，其能使之也，为其感而必知也，感而不知，则形体四枝不使矣。人臣亦然，号令不感，则不得而使矣。有之而不使，不若无有。主也者，使非有者也，舜、禹、汤、武皆然。先王之立官事也，必使之方，方则分定。分定则下不相隐。……今五音之无不应也，其分审也。宫徵商羽角，各处其处，音皆调均，不可以相违，此所以不受也。贤主之立官，有似于此。百官各处其职，治其事以待主，主无不安矣；以此治国，国无不利矣；以此备患，患无由至矣。"

"地道方"主要是讲君王统驭群臣要像心使九窍一样，君王治国在很大程度上实际上是治臣，作者将本应归之为治术的君臣论上升到治道的高度来认识。这种观点，《管子》书中也有，《心术上》篇把君制臣比作心使九窍，但二者尚有所分别的。这是《吕氏春秋》治道的一个方面，即从"天圜地方"的治道发散出部分治国之术，后文中笔者将加以论述。

另一个方面《吕氏春秋》的治道也提倡"无为而治"。汉代高诱曾说："此书（指《吕氏春秋》所尚，以道德为标的，以无为为纲纪。"《吕氏春秋·序意》篇自述其旨也说："上揆之天，下验之地，中审之人，若此则是非可不可无所遁矣。天曰顺，顺维生；地曰固，固维宁；人曰信，信维听。三者咸当，无为而行。"可见无为的

思想在《吕氏春秋》中占有显著的地位，它直接贯穿了对天、地、人的认识所构成的思想体系中，并以"无为而行"来指导社会政治和人事。但《吕氏春秋》的无为思想和道家的"无为"亦是不一样的。它一方面说"无为之道曰胜天"，另一方面它又说"治天下及国，莫若以德，莫若以义"。"古之君民者，仁义以治之，爱利以安之，忠信以导之，务除其灾，思致其福。"可见，《吕氏春秋》的无为和道家的无为是有很大区别的，道家的无为主张"绝仁弃义""绝巧去利"；吕书的无为则是将"无为"与"仁、义、德"等结合起来的，《吕氏春秋》的无为思想也可以用一个"杂"字来概括，吸取了各派的有关主张，从吕书无为的治道出发，展开"无为"的君臣之术和不扰民的无为统治之术。

（二）君王治术

1. 理想"天子"

首先，《吕氏春秋》为即将统一的封建大帝国设计了一位理想的"天子"。认为"天子"是时代的需要，它说："今周室既灭，而天子已绝。乱莫大于无天子。无天子则强者胜弱，众者暴寡，以兵相残，不得休息。今之世当之矣。"即天下混乱的主要原因是没有天子，没有共主，当此之时，秦已灭东周正在进行最后的兼并

统一战争，代周而为天子者非秦莫属，故有此说。天下不仅需要一个天子，而且需要的是一位好的异于周代的天子——封建大一统的理想天子。《吕氏春秋》对天子进行了重新界定，它说："始生之者，天也；养成之者，人也。能养天之所生而勿撄之谓天子。天子之动也，以全天为故者也。"即未来的天子要能做到"养天之所生"和"全天为故"（顺天从事之意）。这其中包含着"无为"的精神。从对"天子"这个新的定义出发,《吕氏春秋》为新的"天子"确定了两个方面的要求。第一是要重生。《贵公》篇说:"天下,重物也,而不以害其生,又况于他物乎?惟不以天下害其生者,可以托天下。"意思是说只有在自己身上能实行不以外物害其生,不以天下害己生的人,他也才能够养天之所生,全天之故,也才有资格做天下的天子。因此它说:"圣人深虑天下,莫贵于生。"这也是战国晚期诸子尤其是杂家的一种显著的思维。将"治身"与"治天下"统一起来。治身与治天下是如何联系起来的呢?它说:"夫耳目鼻口,生之役也。耳虽欲声,目虽欲色,鼻虽欲芬香,口虽欲滋味,害于生则止。在四官者不欲,利于生者则弗为。因此观之,耳目鼻口,不得擅行,必由所制。譬之若官职,不得擅为,必有所制。此贵生之术也。"

这只不过是做了一种比附,即善于控制耳目鼻口等器官使之有利于"生"的

人,也就是善于"治其身"的人,同样可以控制使用好百官、治理好天下。理想的天子所应具备的第二个方面的标准是,要能够"贵公"。《贵公》篇云:"昔先圣王之治天下也,必先公,公则天下平矣。"《吕氏春秋》也多次提到"君道"要"利而勿利"。即"务在利民,而勿以自利而己",卿利民就是公,能坚持利民为公,天下就会治理好。"贵公"和"重生"这两个方面并不矛盾,他们是一致的。《贵公》篇对此有所阐述:"治物者,不于物于人;治人者,不于事于君;治君者,不于君于天子;治天子者,不于天子于欲;治欲者,不于欲于性。性者万物之本也,不可长,不可短,因其固然而然,此天地之数也。"这段话将治身与治天下结合起来,在治身先于治政、治天下的理论前提下,作者在论述治身时将重生、贵己与贵公、去私融汇进去,认为只要天子顺应天地之性,治理好自己的"欲",不要纵欲(就

是去私欲、重生、贵己）就能利己、利天下（这是贵公），天子治理好己身，就可以治理好臣民、人事，就能治理好天下。

《贵公》篇说："天下非一人之天下也，天下之天下也。"也是从这个意思上去阐发的，即是要天子、君王利于天下，不要私天下，纵私欲伤身害民，并非真是要废除封建集权专制实行共有天下的民主；"天下非一人之天下"是警醒天子、君主不要自私（纵私欲、家天下等），"天下之天下"是要君主、天子利天下而非完全自利。从《贵公》篇整体来看，也是这个意思，并不是某些学者所理解的是反对封建集权专制，而是在天子集权专制下的治术罢了，即高压下的怀柔。

2.君臣论

《吕氏春秋》有着系统的君臣之论。在君臣关系方面，《吕氏春秋》也提倡"君道无为而臣道有为"的主张。《君守》篇说："君也者，以无当为当，无得为

得者也。当与得不在于君，而在于臣。"君主的无为是为了臣子的有为，君主不任事是为了让臣下去任事。君主的无为和臣下的有为是建立在"正名审分"的基础之上的。《审分》览说："凡人主必审分，然后治可以至，奸伪邪辟之涂可以息。"《处分》篇说："凡为治必先定分，君臣父子夫妇。……六者当位，则下不逾节而上苟为矣，少不悍辟而长不简慢矣。""本不审，虽尧舜不能以治……其本也者，定分之谓也。""审分"

与"正名"是相辅相成的。《吕氏春秋》也提倡"正名"的思想,"至治之务为在于正名,名正,则人主不忧劳矣"。将"正名审分"用于政治上,就成为君主驾驭君臣的"马辔",《审分》篇说:"王良之所以使马者,约审之以控其辔,而四马莫敢不尽力。有道之主,其所以使群臣者亦有辔,其辔何如?正名审分,是治之辔已。……人主不可以不审名分也。"君臣的名分定了之后,君和臣的职责也就分清楚了,君的工作就是操辔以御臣,臣的工作就是尽力于具体的事务。这样的话君主才可"以无当为当"。臣下也才可以"有为"于事。如果君主用一己的私智去"为"去任事,就会妨碍使用众人的智慧。君主只需要掌握"静""因"之道御臣用臣就行了,这就引出了吕书的帝王权谋之术。

"因者,君术也;为者,臣道也。为则扰矣,因则静矣。……故有道之主,因而不为,责而不诏,去想去意,静虚以待,不

103

伐之言，不夺之事，督名审实，官使自司，以不知为道，以奈何为实。"

这主要是说君主要"静""因"无为，不要代替臣下做具体的事，即"不（伐）〔代〕之言，不夺之事"，君主只需要正名定分"督名审实"按照臣下的名分职责审查考核他们的政绩就行了。因此，君主就不得不用权谋之术了，《吕氏春秋》说："明君者，非遍见万物也，明于人主之所执也。有术之主者，非一自行之也，知百官之要也。知百官之要，故事省

而国治也。明于人主之所执，故权专而奸止。"所谓的明君执术指的就是虚静无为之术。《吕氏春秋》和《韩非子》都讲虚静无为之术，但二者是有区别的。刘元彦认为二者之间存在着三大区别：其一，吕书所说的虚静无为，只是让君主不要代替臣下做具体的事，《韩非子》则说："术者，藏之于胸中，以偶众端而潜御群臣者也。""术"是驾驭臣下的，不表露出来的权术。其二，《吕氏春秋》主张"凡君也者，处平静任德化以听其要"，"虚静"同"德化"是联系在一起的；"能执无为，故能使众为也"，"无为"的目的是让臣下把各自的事情干好。在《韩非子》，则是"虚静无为，以简见疵"，"明君无为于上，群臣君竦惧乎"，君主用"虚静"的权术窥察臣下的毛病；君主"无为"于事而"为"监视控制之能事，使群臣在恐惧中过日子。其三，《吕氏春秋》的君道无为，包括着"任贤"的内容，强调任用贤人的

重要。它说："古之善为君者，劳于论人，而佚于官事。"寻找贤人是君主必须做的。"身定、国安、天下治，必贤人"。《韩非子》与此相反，它反对任用贤人，担心贤人不利于君。他说："任贤，则臣将乘于贤以劫其君。"以上这些不同，刘元彦认为源于他们对君臣之间的关系有着根本不同的看法，韩非子认为君臣之间是完全的敌对关系，《韩非子·扬权》篇说："黄帝曰：'上下一日百战。'下匿其私，用试其上；上操度量，以割其下。"而《吕氏春秋》不这样看，《应同》篇把君臣之间的关系分为四种，"同气"列为最高理想，依次为"同义""同力""同居""同名"。《韩非子》的君臣之间"一日百战"的情况，大约属于最下的"同居""同名"。笔者以为，《吕氏春秋》和《韩非子》这三点不同，前两点有值得商榷之处，其一，《吕氏春秋》所谈的君术也有驾驭臣下的意思，例如《知度》篇所说的"执百官之要""督名审实"就是驾驭群

臣之术，二者的不同之处在于，韩非是用"藏之于胸中"的阴谋权术，而《吕氏春秋》所用方法则是更为公开一些的阳谋权术，这是对法家君王术的修正。其二，《韩非子》御臣术"以简见疵""群臣竦惧乎下"的目的也是为了臣下尽职尽责把自己的事情干好。二者的不同之处仅在于《吕氏春秋》将"德化"融入君王治术之中，在御臣之术中加入了柔性的东西。

3.君民关系论

对民众持什么看法和态度，这是政

治思想中的一个重要问题。《吕氏春秋》对此也进行了详细的论述。

首先，《吕氏春秋》提出了"顺民心""从民欲"的思想。《顺民》篇说："先王先顺民心，故功名成。夫以德得民心以立大功名者，上世多有之矣。失民心而立功名者，未之曾有也。"以古喻今，目的是说明顺民心才能够使"大功名"得成。当此之时的"大功名"应是暗指秦即将完成的统一天下的大业。只有顺民心，才能用其民，才能立大功名于世。《用民》篇对此作了进一步的论述："汤武非徒能用其民也，又能用非己之民。能用非己之民，国虽小，卒虽少，功名犹可立。古者多由布衣定一世矣，皆能用非其有也。"顺民心的具体内容是什么呢？就是"从民欲""爱利民"。《吕氏春秋》认为，人的生理需求和追逐物质利益是人们共同的情欲。《情欲》篇说："耳之欲五声，目之欲五色，口之欲五味，情也。此三者，贵

贱、愚智、贤不肖欲之若一。虽神农、黄帝，其与桀、纣同。"即是说人都有欲望，这是人之常情，也是人共同的本性。这种欲望就是欲"利"，为了"利"人们可以不顾生死。《离谓》篇说："凡事人，以为利也；死不利，故不死。"为了获得民心而用民，只有顺从民众欲利的天性。这个道理君主一定要明白，尤其是想统一天下的未来天子更是不可不察。因此，《功名》篇才说："民无常处，见利之聚，无之去。欲为天子，民之所走，不可不察。"《为欲》篇又说："人之欲虽多，而上无以令之，人虽得其欲，人犹不可用也。令人得欲之道，不可不审矣。善为上者，能令人得欲无穷，故人之可得用亦无穷也。""民欲不达，此国之郁也。国郁处久，则百恶并起，而万灾丛至矣。"如果使民众欲"利"之心长期得不到满足，国家就会"百恶并起"、"万灾丛生"。既然达民之欲是如此重要，《吕氏春秋》才直接将其作为治民的纲纪来看待。"用民有纪有纲，一引其纪，万目皆起，一引其纲，万目皆张。为民纪纲者何也？欲也恶也。何欲何恶？欲荣利，恶辱害。辱害所以为罚充也；荣利所以为赏实也。赏罚皆有充实，则民无不用矣。"以"荣利"和"辱害"对民众的欲望进行引导，从而达到制民用民的目的。

其次，对于君主来说，治民以"顺民

心""从民欲"尚是不够的，还得有一颗爱利民之心，以德治民。《精通》篇说："圣人南面而立，以爱利民为心。"《适威》篇说："古之君民者，仁义以治之，爱利以安之，忠信以导之，务除其灾，思致其福。故民之于上也，若玺之于涂也。"《爱士》篇亦云："行德爱人，则民亲其上，民亲其上，则皆乐为其君死矣。"君主能爱利民，民就会亲附君主为君主所用，甚至为君主而死。光有"爱利民"也是不完备的，治民尚需辅之以"威民"，即以刑罚驱策民众。《用民》篇说："亡国之主，多以多威使其民矣。故威不可无有，而不足专恃。譬之若盐之于味，凡盐之用，有所托也，不适则败托而不可食。威亦然，必有所托，然后可行。恶乎托？托于爱利，爱利之心谕，威乃可行。"也就是说君主以刑罚威民需要以"爱利民"为基础，否则"威愈多，民愈不用"。由此看来，《吕氏春秋》治民思想的"爱利"民和"威"民是紧密结合、相辅相成的，其中蕴含了丰富的辩证思想。

其三，治民用民要把握好度，君主不可奢欲过度超过民众的负担能力。《侈乐》篇说："故乐愈侈，而民愈郁，国愈乱，主愈卑。"如果用民过度，国家就会衰败，《似顺》篇以陈国的败亡为例对加以论证："夫陈，小国也，而蓄积多，赋敛重也，则民怨上矣。城郭高，沟洫深，则民力罢矣。兴兵伐之，陈可取也。"而且，

超过民众的负担能力过度使用民众，必然引起人民的反抗，如果统治集团因此治罪而不加以缓和，结果很可能形成"以罪召罪，上下之相仇也，由是起矣"的恶性政治循环。故而《义赏》篇警告道："竭泽而渔，岂不获得？而明年无鱼。"就是说用民如同养鱼食鱼一样，过度用民会像"竭泽而渔"一样导致无民可用。其治民思想富含理性的思维。

（三）政策、制度思想

1. 中央集权的君主专制制度思想

吕不韦及《吕氏春秋》的作者们，在秦即将统一天下的前夜，本着为行将建立的封建统一的帝国设计理想政治蓝图的目的，他们集合诸子百家政治思想之长，提出了一套系统的中央集权君主专制制度。

其一，分封制。《吕氏春秋》主张实

行封建的分封制。它说："王者之封建也，弥近弥大，弥远弥小。海上有十里之诸侯。以大使小，以重使轻，以众使寡，此王者之所以家以完也。"这是实行分封制的方案。至于实行分封制的目的，《吕氏春秋》说："权轻重，审大小，多建封，所以便其势也。王也者，势也。王也者，势无敌也。势有敌则王者废矣。……故先王立法，立天子不使诸侯疑焉，立诸侯不使大夫疑焉，立适子不使庶孽疑焉。疑生争，争生乱。"

行分封是为了安定天下，防止因疑而生争、因争而生乱。我们知道，秦国从商鞅变法之时起就全国普遍实行郡县制，商鞅变法时"集小乡邑聚为县，置令、丞，凡三十一县"，之后由于兼并战争的扩张，国土面积增大，县的数目也不断增多，逐步又在县之上设置郡，郡县制就成为秦主要的政治制度之一。分封制和郡县制相比较，郡县制更有利于加强中央

集权，在当时，也更有利于秦始皇统一天下的事业。吕不韦在天下依然是诸侯割据的现状下，提出与秦国现行体制对立的分封制，这和秦国统一天下的大目标是相矛盾的。吕不韦的分封制也许是权宜计。因为，"西汉初年确实实行过封建的分封制。刘邦当时不这样做就不可能统一天下。历史就这样走着迂回曲折的道路"。

其二，官僚制。中央集权的君主专制

政权，为了加强对官吏的管理，实行的是异于贵族世袭制的官僚制度。官僚制度下，所有的官员都是君主的奴仆，君主可以随时任免，官吏对君主负责，君主"督名责实"对官吏进行考核，并以赏罚驾驭群臣，君通过群臣来控制天下。

其三，社会政治的等级制。《吕氏春秋》的等级制理论是以"十际"关系论述而展开的。《一行》篇中强调要严厉区分"君臣父子兄弟朋友夫妻"的"十际"。"十际"既是人伦关系，也是社会等级关系。认为"十际"的这种关系不能乱，否则的话就会"与麋鹿虎狼无以异"。《吕氏春秋》拼凑了儒、法、名各家的等级制理论，精心设计了一幅封建社会统治结构的蓝图。

2."尚贤"与"上农"的政策思想

《吕氏春秋》主张招纳各国士人为秦国的封建统一事业服务。《求人》篇云："身定，国安，天下治，必贤人。……得贤

人，国无不安，名无不荣；失贤人，国无不危，名无不辱。先王之索贤人，无不以也，极卑极贱，极远极劳。"

得到贤人，国家就会安定，天下就会大治；失去贤人，国家就会危亡。因此，为了能求得贤人，必须要像先王那样，只要是贤才，无论其出身是多么卑贱，居住地是多么遥远，也一定要将其求寻到。当时的秦国已具备统一天下的条件，吕不韦颁布招贤令并广纳门客，各国士人纷纷入秦。《吕氏春秋》的成书就是一显著明证，

《吕》书为吕不韦的门客集体创作，体现出众多学派学者的思想。其"尚贤"的主张也不主一家之说。"人主之欲大立功名者，不可不务求此人也。贤主劳于求人，而佚于治事。""夫士亦有千里，高节死义，此士之千里也。能使士待千里者，甚惟贤也。"吕不韦及《吕氏春秋》的尚贤主张和政策在秦国得到了一定程度的实行。

因而李斯有言："士不产于秦，而愿忠者众。"司马迁亦云：吕不韦"使诸侯之士斐然争入事秦"，在一定程度上反映出当时的秦国文化繁荣、人才兴旺的现象。

《吕氏春秋》亦主张实行"上农"政策。《吕氏春秋》中有农家言四篇，集中论述了它的"上农"政策思想。它说："古先圣王之所以导其民者，先务于农。民农非徒为地利也，贵其志也。民农则朴，朴则易用，易用则边境安，主位尊。民农则重，重则少私义，少私义则公法立，力专一。"以农为本的主要意义是"贵其志""易

用"，为了更有利于于统治人民的需要，其中也部分地隐含了愚民和弱民的意思。

（四）政治理想和理想政治

《吕氏春秋》的政治思想，是以"义兵"统一天下，建立封建的太平盛世；《吕》书的理想政治则是效法天地的古之"清世"，即"盖闻古之清世，是法天地"的盛世。

1."义兵"统一天下的政治理想

《吕氏春秋》提出"义兵"说，用以

批判偃兵说，为秦统一天下的兼并战争
张目。《吕氏春秋》已经认识到，在当时
的历史条件下要想统一天下不用战争的
手段是不可能实现的，但是战争是残酷
的，为了不让秦国背上暴虐的名声而失去
民心，故而《吕氏春秋》提出"义兵"说，
标榜秦统一天下的战争是正义的战争。

《召类》篇指出，反对一切战争不
但不能带来治，反而会招致乱，"三王以
上，固皆用兵也，乱则用，治则止。治而
功之，不祥莫大焉。乱而弗讨，害民莫长

焉。此治乱之化也，文武之所由起也"。

因此，《荡兵》说："圣王有义兵，而无有偃兵。"何谓义兵，《怀宠》说："今兵之来也，将以诛不当为君者也，以除民之仇而顺天之道也。"《论威》也说："敌慑民生，此义兵之所以隆也。"

其中含有反叛暴君暴政、重民生的思想，实质是说只有秦当为天下之君，其他诸侯国皆不当为君，因而秦可以名正言顺地去诛伐。对于以攻守论是非的观点，《禁塞》也进行了批判："故取攻伐者不可，非攻伐不可；取救守不可，取惟义兵为可。兵苟义，攻伐亦可，救守亦可；兵不义，攻伐不可，救守不可。"《吕氏春秋》倡导以"义兵"统一天下，设置天子，建立封建统一的大帝国。

"义兵至，则邻国之民归之若流水，诛国之民望之若父母。""周室既灭，而天子已绝。乱莫大于无天子。""国必有君，所以一之也。天下必有天子，所以

一之也。""义兵是达到天下统一的必由之路,只有义兵才能结束纷争局面。新天子将随着义兵的步伐出现在历史舞台上。"这就是《吕氏春秋》的政治理想。

2.《吕氏春秋》的理想政治

其理想政治是通过对理想社会的描述反映出来的。《吕氏春秋》的理想社会效法天地自然之道的"古之清世",这明显是受了道家"人法地,地法天,天法道,道法自然"思想的影响。顺此思路,

《吕氏春秋》描绘了理想社会的政治情况："至治之世，其民不好空言虚辞，不好淫学流说。贤不肖各反其质，行其情，不雕其素，蒙厚纯朴，以事其上。若此则工拙愚智勇惧可得以故易官，易官则各当其任矣。"

这种理想政治，一是保留有先秦道家拙朴的基本特质，另一方面结合了法家的刑名思想。《吕氏春秋》与道家的理想社会也是有区别的，表面看起来和《老子》"小国寡民"的理想社会很相似，实际上二者有根本的不同。《吕氏春秋》的理想社会和政治是在"义兵"统一天下的基础上，实现这种"至治之世"的政治，其无为中蕴涵着积极的有为并最终趋向于有为；而道家"小国寡民"的理想社会是无为的，最终是趋向于无为。因此，《吕氏春秋》对理想社会的设计更加符合于战国晚期社会一统的历史发展趋势。

　　《吕氏春秋》是战国末年诸子学术走向合流和总结的产物，既是先秦思想、学术、文化的集大成者，又是中国思想、学术、文化史上的一部巨著。《吕氏春秋》集之前先秦诸子百家之长而成，在批判、吸收、融合、发展诸子百家思想的基础上形成了自己的一套系统的思想体系，为统一之后的秦帝国提供了一整套的治国方略。

　　自从西汉司马迁《史记·太史公自

序》和东汉班固《汉书·艺文志》确立了以"家"为主来研究先秦诸子思想之后，随后的先秦诸子研究，大多是以家来划分先秦诸子的派别的，具体的有儒家、墨家、道家、法家、阴阳家、名家、兵家、农家、纵横家等诸多派别。

先秦诸子学术是春秋战国时期社会历史剧变的产物，在那个动荡的时代，社会各方面都在发生着翻天覆地的变化。原来一统的周王朝已是摇摇欲坠，而新的统一的社会形态还没有产生。在这样的社会大背景下，先秦诸子各家针对时

代的剧变, 纷纷提出
了不同的治理主张,
孔子等主张回到以
前一统的周王朝; 老
子、庄子则主张退得
更远, 甚至要回到原始群的时代, 以拯救
当时的乱世; 商鞅、韩非等主张社会是不
断变化发展的, 要建立新的大一统国家
以结束当时的乱世。诸子各家之间为了
证明自己学说的唯一正确性, 对其他的学
说不遗余力地予以抨击。各诸侯国之间
的不断争战, 弱肉强食, 弱小的国家不断
被强大的国家攻破, 到了战国初期, 主要

的国家就只剩下了韩、赵、魏、楚、燕、齐、秦七国，他们之间维持了相当长时间的均势局面，彼此之间不断合纵、连横，变换着自己的阵营，争战不休。进入战国末期，经济、政治、法律等社会各方面的发展都急需实现新的统一，要求建立一个新的大一统国家以结束当时的乱世；另外，这一时期各国之间的争战也都是为了实现全国的大统一，随着兼并战争的持续进行，各国之间的均势局面被打破，开始出现了秦一国独占优势的局面。

在这样的局势下，原来诸子之间各据己长、排斥他家的形势已不能适应时代的要求，思想文化领域的发展进入了一个崭新的时期。各家学术经过之前的充分争鸣后，开始进入了互相融合和交流期，都在不同程度上吸收了其他各家的思想，出现了以一家为主兼容他家的思想家，如荀子、韩非，也出现了综合各家学术自成一派的综合家，如《吕氏春秋》，学术综合使战国末期的学术繁荣更上一层楼。

吕不韦在历史上是个备受争议的人物。实际上吕不韦为秦相后，在内政、外交、军事、思想诸方面都做出了卓越的成绩，进一步推动了秦国的统一大业。吕不韦为了教诲即将亲政的秦王嬴政，也为即将统一的秦帝国提供一套具体的治国方略，为了向东方各国声明秦统一天下的必然趋势，也为了巩固自己的权势，适应大一统形势的需要，组织门客集体编纂《吕

氏春秋》。

《吕氏春秋》是融合诸子百家学说而自成一派的综合家，以如何统一天下和治理天下的政治举措作为自己的思想主旨，为即将统一的秦帝国提出了一整套的治国施政纲领。《吕氏春秋》对先秦时代的诸子学术作了批判性的学术总结。首先是对"无为"思想作了初步的总结和提升。"无为"思想是老子、庄子、申不害、慎到、韩非等共同提倡的思想主张，《吕氏春秋》批判地继承了之前诸子的"无为"思想主张，结合当时的社会现实，提出了自己的一套"无为"思想主张。其次是对德治为主法治为辅思想的发展。孔子、孟子等主张德治，认为统治者要立德，实行德政以争取民心；商鞅、慎到、韩非等主张法治，主张统治者要严刑厚赏以保证民众绝对的服从统治。《吕氏春秋》一方面从当时的社会现实出发，同时又融合、吸纳了孔子、《黄帝四经》的德主刑辅的主张，批判了商鞅、慎到、韩非等单纯以法治国的主张，改造了荀子的"隆礼重法"主张，提出了德治为主法治为辅的治国方略。

《吕氏春秋》在总结历史经验的基础上，发展、提升了墨子的"兼相爱、交相利"思想和荀子的重民思想，转变了秦国自商鞅变法以来形成的"弱民""贫民""辱民"观念，阐明了民众对君主、对国家的重要性，注重对民众进行教化。但是，为了维护统治者的利益，《吕氏春

秋》也吸纳了老子、孔子，特别是《商君书》的观点，保留了一定的愚民政策主张。然后是大力提倡任贤使能。《吕氏春秋》采纳了孔子、墨子、孟子、荀子重视贤能的主张，认为君主是否用贤关系到国家的治乱安危，贤能之臣是君主实现王霸之业的凭借。《吕氏春秋》进一步采纳了孟子的礼待贤士之道，还提出君主对贤能之臣要予以高官厚禄，使他们充分发挥自己的才能。《吕氏春秋》在《庄子·列御寇》篇观人"九征"之法的基础上，提出了内用"六戚四隐"、外用"八观六验"
的选拔人才的标准。另外对社会历史观
作了新的阐发。《吕氏春秋》的社会历
史观具有两面性，一方面继承发展了商
鞅、韩非的进步史观，认为社会历史是不
断变化发展的，另一方面，《吕氏春秋》
认为在君道确立之后，社会历史就会沿
着不断改朝换代的历史循环过程往前发
展，发挥了邹衍的"五德终始说"。此外，
《吕氏春秋》面对战国末期的乱世，承继
荀子，提出了义兵主张。《吕氏春秋》反对
宋钘、尹文的偃兵主张，也反对墨家的非
攻、救守主张。《吕氏春秋》的义兵主张，
有一定的理想化成分，但毕竟是对秦国
传统的纯用武力政策的修正。

吕不韦所处的战国末期，社会各领
域的统一趋势愈发明显；秦国的国势日
益强盛，已经具备了统一六国的基础，学
术文化中心开始了从齐国向秦国转变的
历史进程，秦国取代齐国成为战国末年

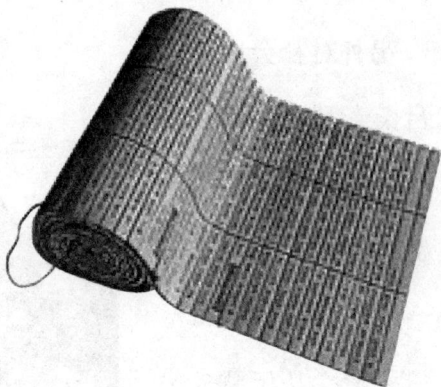

的学术文化中心。在这样的历史大背景下，诸子各家学派都开始融合其他学派的主张以形成新的思想体系为时代的发展服务，吕不韦组织门下学者各展所长，编纂了熔诸子百家学说于一炉的《吕氏春秋》，使诸子百家的合流趋势达到了一个新的高峰。《吕氏春秋》是战国末期先秦诸子学术走向合流和总结的产物，是对先秦诸子百家学术思想的批判、吸收、融合和发展，是先秦诸子学术思想发展的一个重要里程碑。《吕氏春秋》融合吸收了诸子各家的思想，形成了一套新的大一统思想体系。《吕氏春秋》是一部百科全书式的巨著，是先秦文化的总结，几乎囊括了当时社会的各个层面，并且保存了一些已经亡佚的先秦文献资料。《吕氏春秋》既是先秦思想文化的集大成者，又有开创之功，开启了秦汉思想文化发展的新方向，在中国思想文化发展史上有重要的意义和影响。除此之外，《吕氏春秋》还开创了一种全新的学术著作方式——融合各家学说自成一体的综合家之学，也开启了后世集体著书的先声，对后世带来了多方面的深远影响。